AF205841

Impressum
Verlag: BABADADA GmbH, Nedderfeld 112 , 22529 Hamburg
Geschäftsführer / Verlagsleitung: Harald Hof
Druck: Books on Demand GmbH, In de Tarpen 42, 22848 Norderstedt

Imprint
Publisher: BABADADA GmbH, Nedderfeld 112 , 22529 Hamburg, Germany
Managing Director / Publishing direction: Harald Hof
Print: Books on Demand GmbH, In de Tarpen 42, 22848 Norderstedt, Germany

iskola

اسکول

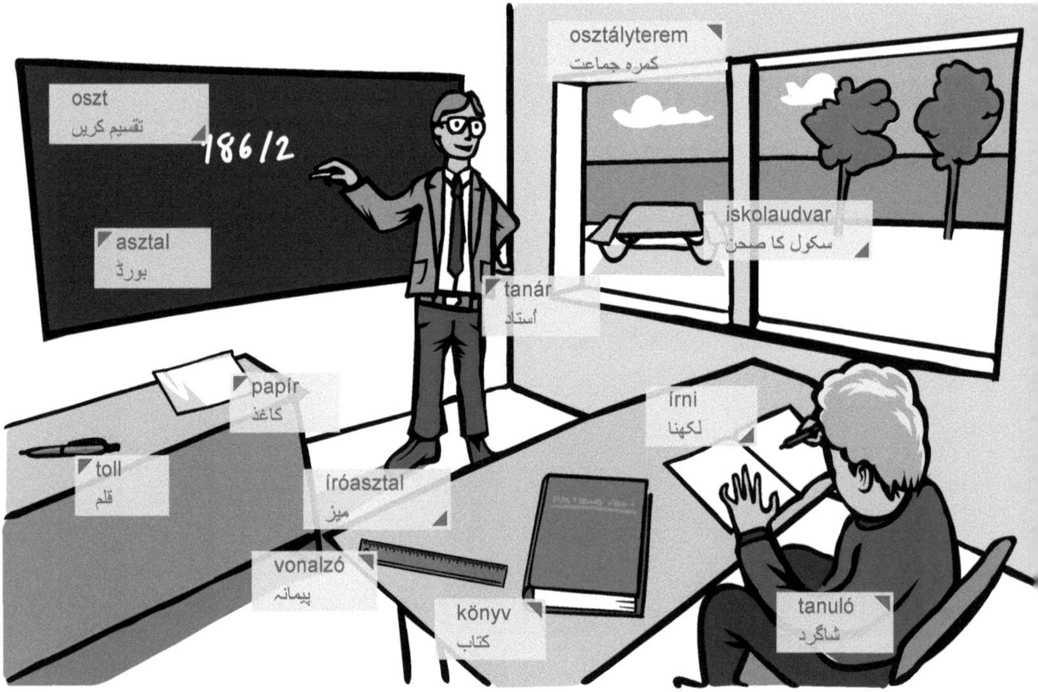
osztályterem
کمرہ جماعت
oszt
تقسیم کریں
186/2
asztal
بورڈ
iskolaudvar
سکول کا صحن
tanár
اُستاد
papír
کاغذ
írni
لکھنا
toll
قلم
íróasztal
میز
vonalzó
پیمانہ
könyv
کتاب
tanuló
شاگرد

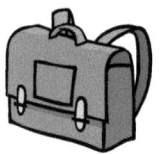

iskolatáska

بستہ

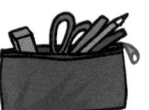

tolltartó

پینسل کیس

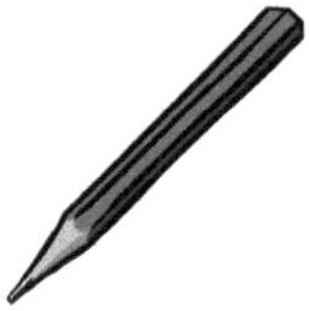

ceruza

پینسل

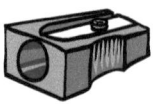

ceruzahegyező

پینسل شارپنر

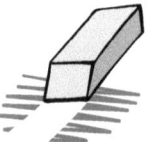

radír

ربڑ

rajzfüzet

ڈرائنگ پیڈ

rajz

ڈراننگ

ecset

پینٹ برش

festőkészlet

پینٹ باکس

olló

قینچی

ragasztó

گوند

munkafüzet

مشق کی کاپی

házi feladat

ہوم ورک

szám

بندسہ

összead

جمع کریں

kivon

منفی کریں

szoroz

ضرب دیں

számol

شمارکریں

betű

خط

ABC

حروف تہجی

szó

لفظ

szöveg

متن

olvasni

پڑھنا

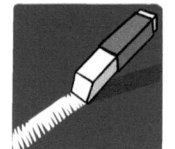

kréta

چاک

tanóra

سبق

napló

اندراج

vizsga

امتحان

bizonyítvány

سند

iskolai egyenruha

سکول یونیفارم

oktatás

تعلیم

enciklopédia

انسائیکلوپیڈیا

egyetem

یونیورسٹی

mikroszkóp

خورد بین

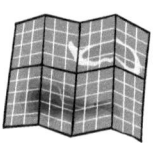

térkép

نقشہ

papír-hulladék gyűjtő

ویسٹ پیپر باسکٹ

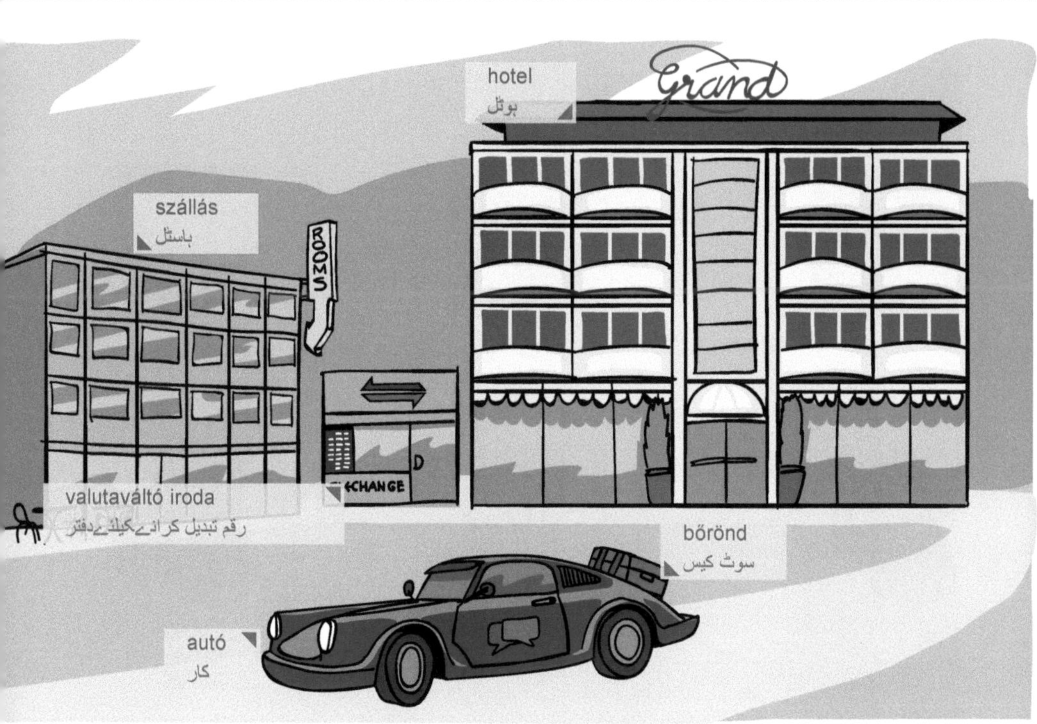

hotel
ہوٹل
Grand
szállás
ہاسٹل
ROOMS
valutaváltó iroda
رقم تبدیل کرانے کیلئے دفتر
bőrönd
سوٹ کیس
autó
کار

nyelv
زبان

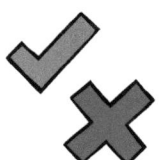

igen/nem
ہاں / نہیں

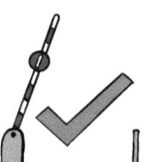

rendben
ٹھیک ہے

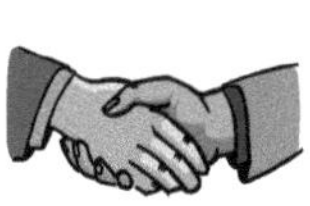

szia
ہیلو

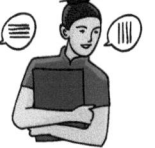

fordító
مُترجم

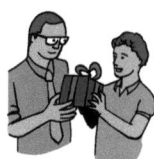

köszönöm
شُکریہ

mennyibe kerül...?

--- کی کیا قیمت ہے؟

nem értem

میں نہیں سمجھتا

probléma

مشکل

Jó estét!

شام بخیر!

jó reggelt!

صبح بخیر!

jó éjszakát!

شب بخیر!

viszontlátásra

الوداع

útirány

سمت

poggyász

سفری سامان

táska

بیگ

hátizsák

بیگ پیک

vendég

مہمان

szoba

کمرہ

hálózsák

سلیپنگ بیگ

sátor

ٹینٹ

turista információ

سياحوں کے لئے معلومات

strand

ساحل

hitelkártya

کریڈٹ کارڈ

reggeli

ناشتہ

ebéd

لنچ

vacsora

ڈنر

jegy

ٹکٹ

lift

لفٹ

bélyeg

مُہر

határ

سرحد

vám

کسٹمز

nagykövetség

سفارت خانہ

vízum

ویزا

útlevél

پاسپورٹ

repülőgép
بوائی جہاز

hajó
سمندری جہاز

tűzoltóautó
آگ بُجھانے والی گاڑی

busz
بس

tehergépkocsi
ٹرک

bicikli
سائیکل

motorcsónak
موٹربوٹ

autó
کار

komp
فیری

csónak
کشتی

motorkerékpár
موٹرسائیکل

rendőrautó
پولیس کار

versenyautó
ریسنگ کار

bérautó
کرایہ پر کار

telekocsi

کارکا اشتراک کرنا

vontató

کھینچنےوالا ٹرک

szemetes autó

کوڑے والا ٹرک

motor

کار

üzemanyag

ایندھن

benzinkút

پٹرول اسٹیشن

közlekedési tábla

ٹریفک کےنشانات

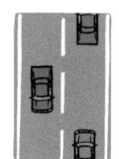

forgalom

ٹریفک

forgalmi dugó

ٹریفک جام

parkoló

کارپارک

vonatállomás

ٹرین اسٹیشن

sínek

پٹڑیاں

vonat

ٹرین

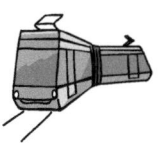

villamos

ٹرام

vagon

ویگن

helikopter

ہیلی کاپٹر

repülőtér

ائرپورٹ

torony

ٹاور

utas

مسافر

konténer

کنٹینر

kartondoboz

ٹبہ

taliga

ریڑھا

kosár

ٹوکری

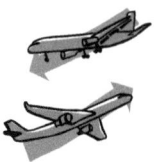

felszáll / leszáll

اڑان بھرنا / زمین پر اترنا

város

شہر

falu

گاؤں

városközpont

سٹی سنٹر

ház

مکان

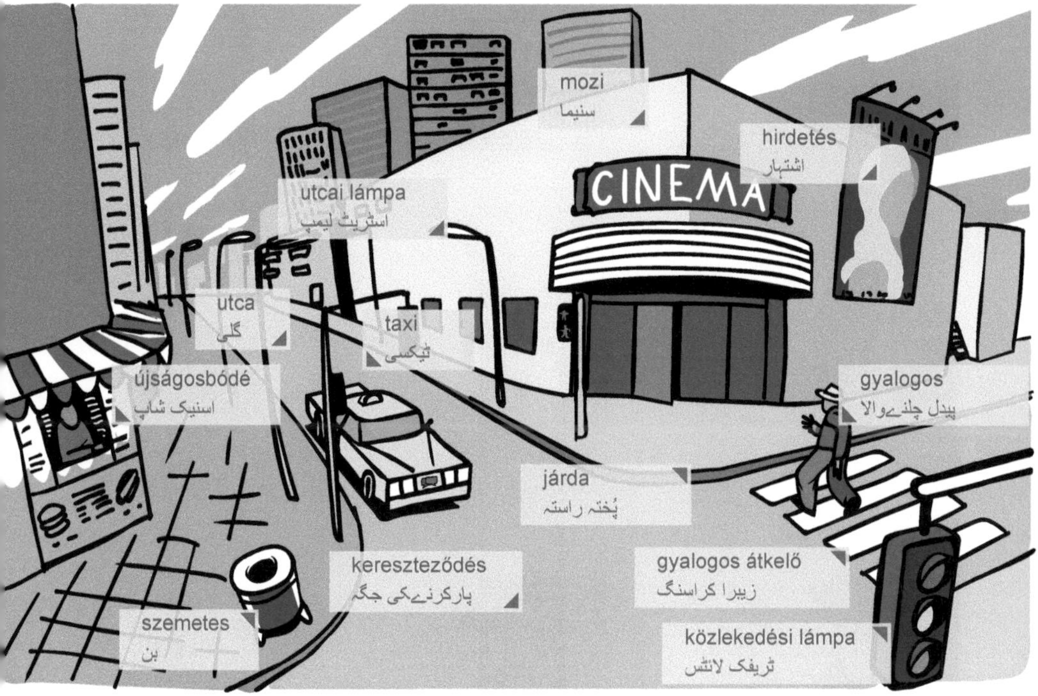

mozi
سنیما

hirdetés
اشتہار

utcai lámpa
اسٹریٹ لیمپ

CINEMA

utca
گلی

taxi
ٹیکسی

újságosbódé
اسنیک شاپ

gyalogos
پیدل چلنے والا

járda
پُختہ راستہ

kereszteződés
پارکرنے کی جگہ

gyalogos átkelő
زیبرا کراسنگ

szemetes
بن

közlekedési lámpa
ٹریفک لائٹس

kunyhó

بٹ

lakás

فلیٹ

vonatállomás

ٹرین اسٹیشن

városháza

ٹاؤن ہال

múzeum

عجائب گھر

iskola

اسکول

egyetem

یونیورسٹی

bank

بینک

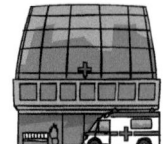

kórház

ہسپتال

hotel

ہوٹل

gyógyszertár

فارمیسی

iroda

دفتر

könyvesbolt

کتابوں کی دُکان

üzlet

دکان

virágüzlet

پھولوں کی دُکان

szupermarket

سُپرمارکیٹ

piac

مارکیٹ

áruház

ڈیپارٹمنٹ سٹور

halárus

مچھلی کی دُکان

bevásárló központ

شاپنگ سنٹر

kikötő

بندرگاہ

park

پارک

pad

بنچ

híd

پُل

lépcső

سیڑھیاں

metró

انڈرگراؤنڈ

alagút

سرنگ

buszmegálló

بس اسٹاپ

bár

شراب خانہ

étterem

ریسٹورنٹ

postaláda

پوسٹ باکس

utcatábla

اسٹریٹ سائن

parkoló óra

پارکنگ میٹر

állatkert

چڑیا گھر

uszoda

سوئمنگ پول

mecset

مسجد

gazdálkodás

کھیت

környezetszennyezés

آلودگی

temető

قبرستان

templom

چرچ

játszótér

کھیل کا میدان

szentély

مندر

táj

منظر

levél
پتہ

útjelző tábla
رہنمائی کرنے والا بورڈ

út
راستہ

rét
سبزہ زار

kő
پتھر

túrázó
پیدل چلنے والا، بانکر

fa
درخت

folyó
دریا

fű
گھاس

virág
پھول

völgy

وادی

domb

پہاڑی

tó

جھیل

erdő

جنگل

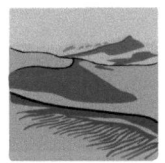

sivatag

صحرا

vulkán

آتش فشاں

kastély

قلعہ

szivárvány

قوس قزح

gomba

کھمبی

pálmafa

کجھورکا درخت

szúnyog

مچھر

légy

مکھی

hangya

چیونٹی

méhecske

مکھی

pók

مکڑا

bogár

بھونرا

béka

مینڈک

mókus

گلہری

sündisznó

خارپُشت

nyúl

خرگوش

bagoly

الو

madár

پرندہ

hattyú

راج ہنس

vaddisznó

سؤر

szarvas

برن

rénszarvas

امریکی بارہ سنگھا

gát

ڈیم

szélturbina

ہوا سےچلنےوالی ٹربائنین

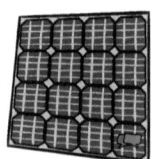

napelem

سولرپینل

éghajlat

آب وہوا

étterem
ریسٹورنٹ

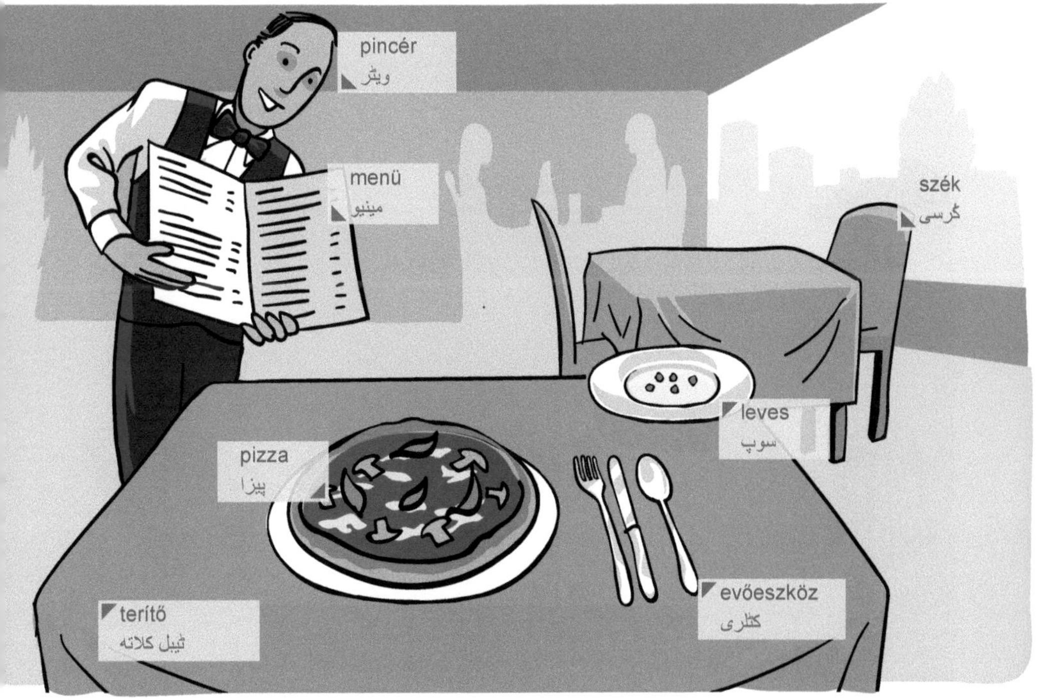

pincér
ویٹر
menü
مینیو
szék
کُرسی
leves
سوپ
pizza
پیزا
evőeszköz
کٹلری
terítő
ٹیبل کلاتھ

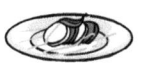

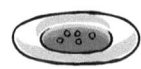

előétel

اسٹارٹر

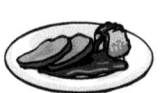

főétel

مین کورس

desszert

ڈیزرٹ

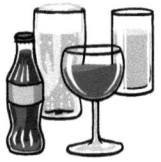

italok

مشروبات

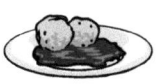

étel

کھانےکی اشیاء

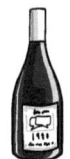

üveg

بوتل

gyorsétel

فاسٹ فوڈ

gyorsétel

اسٹریٹ فوڈ

teás kanna

چائے دانی

cukortartó

شوگر باکس

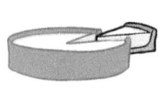

adag

حصہ

eszpresszógép

ایسپریسو مشین

bárszék

اونچی کرسی

számla

بل

tálca

ٹرے

kés

چھُری

villa

کانٹا

kanál

چمچ

teáskanál

چائے کا چمچ

szalvéta

سرویئٹی

pohár

شیشہ

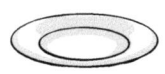

tányér

پلیٹ

leveses tányér

سوپ پلیٹ

csészealj

طشتری

szósz

چٹنی

sószóró

سالٹ شیکر

borsőrlő

پیپرمل

ecet

سرکہ

étkezési olaj

خوردنی تیل

fűszerek

مصالحے

ketchup

کیچپ

mustár

سرسوں

majonéz

میئونیز

szupermarket

سُپرمارکیٹ

különleges ajánlat
خصوصی پیشکش
ügyfél
گاہک
tejtermék
ڈیری
gyümölcsök
پھل
bevásárló kocsi
ٹرالی
FOR

BUTCHERS

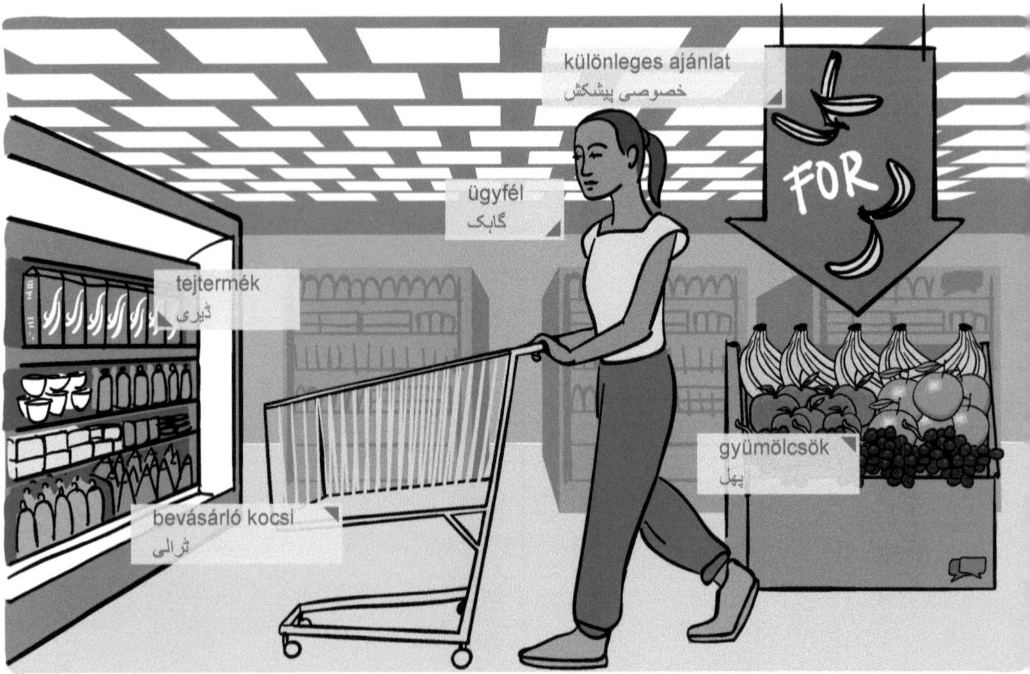

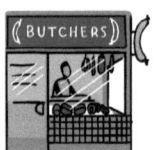

hentes

گوشت کی دُکان

BAKERY

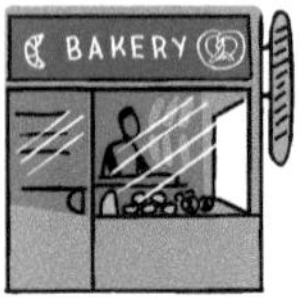

pékség

بیکری

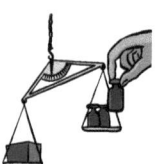

nyom valamennyit

وزن کرنا

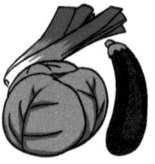

zöldség

سبزیاں

hús

گوشت

fagyasztott áru

جما ہوا کھانا

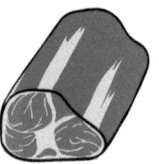

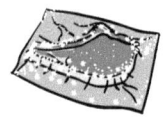

felvágott

کولڈ کٹس

konzerv

ڈبے میں بند کھانا

mosópor

واشنگ پاؤڈر

édességek

مٹھائیاں

háztartási termék

گھریلو مصنوعات

tisztítószerek

صاف کرنے کیلنے مصنوعات

eladó

سیلز پرسن

pénztárgép

کیش رجسٹر

eladó

کیشیئر

bevásárló lista

خریداری کی فہرست

nyitva tartás

اوقات کار

levéltárca

بٹوہ

hitelkártya

کریڈٹ کارڈ

zacskó

تھیلا

műanyag zacskó

پلاسٹک کے تھیلے

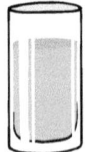

víz

پانی

gyümölcslé

جوس، رس

tej

دودھ

kóla

کوک

bor

وائن

sör

بیئر

alkohol

الکوحل

kakaó

کوکوآ

tea

چائے

kávé

کافی

eszpresszó

ایسپریسو

kapucsínó

کیپاچینو

banán

کیلا

alma

سیب

narancs

مالٹا

sárgadinnye

خربوزہ

citrom

لیموں

sárgarépa

گاجر

fokhagyma

لہسن

bambusz

بانس

hagyma

پیاز

gomba

کھمبی

magvak

اخروٹ، بادام وغیرہ

nokedli

نوڈلز

spagetti

اسپیگیٹی

rizs

چاول

saláta

سلاد

sült krumpli

چپس

sült burgonya

تلے گئے آلو

pizza

پیزا

hamburger

بیم برگر

szendvics

سینڈوچ

hússzelet

کٹلیٹ

sonka

سؤرکی ران کا گوشت

szalámi

گوشت کی اطالوی ساسیج

kolbász

ساسیج

csirke

مُرغی

pecsenye

روسٹ

hal

مچھلی

کھانے کی اشیاء - étel

zabkása

جئی کا دلیہ

müzli

میوزلی

kukoricapehely

کارن فلیکس

liszt

آٹا

croissant

کروئیسنٹ

zsemle

بریڈ رول

kenyér

بریڈ

pirítós kenyér

ٹوسٹ

keksz

بسکٹ

vaj

مکھن

túró

دہی

sütemény

کیک

tojás

انڈا

tükörtojás

فرائی کیا گیا انڈہ

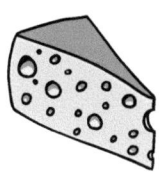

sajt

پنیر

jégkrém

آئس کریم

cukor

چینی

méz

شہد

lekvár

جام

mogyorókrém

ناوگٹ کریم

curry

سالن

gazdálkodás

کھیت

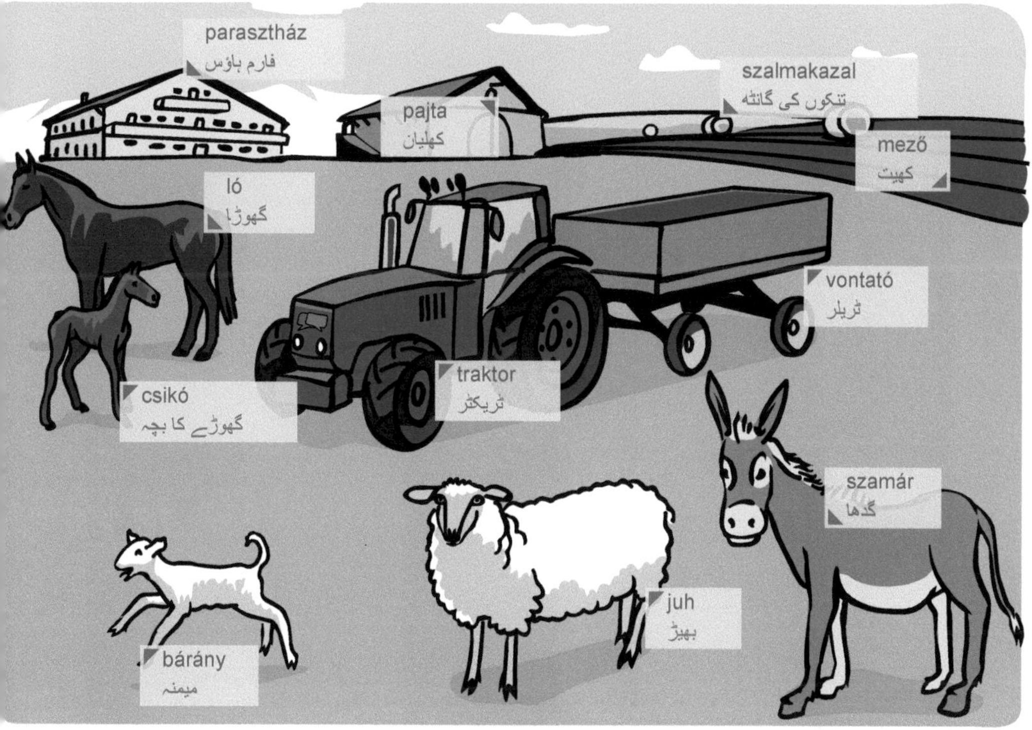
parasztház
فارم ہاؤس
pajta
کھلیان
szalmakazal
تنکوں کی گانٹھ
mező
کھیت
ló
گھوڑا
vontató
ٹریلر
traktor
ٹریکٹر
csikó
گھوڑے کا بچہ
szamár
گدھا
juh
بھیڑ
bárány
میمنہ

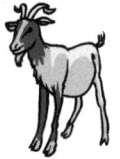

kecske

بکری

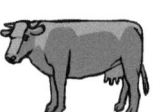

tehén

گائے

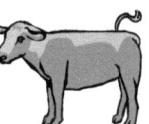

borjú

بچھڑا

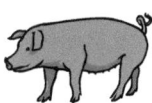

malac

سؤر

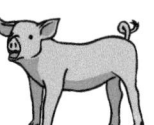

kismalac

سؤرکابچہ

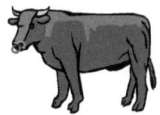

bika

سانڈ

liba

سنس راج

kacsa

خطب

csibe

چوزه

tojó

مُرغی

kakas

مُرغا

patkány

چوہا

macska

بلی

egér

چوہا

ökör

بیلچم

kutya

کتا

kutyaház

کتے کا گھر

kerti öntözőcső

گارڈن ہوس

öntözőkanna

پانی کا کین

kasza

درانتی

eke

ہل

sarló

درانتی

kapa

بیلچہ

vasvilla

ترنگل

fejsze

کلہاڑا

talicska

بتہ گاڑی

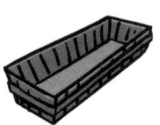

teknő

حوض

tejes kancsó

دودھ کا کین

zsák

تھیلا

kerítés

باڑ

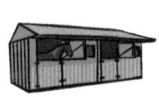

istálló

اصطبل

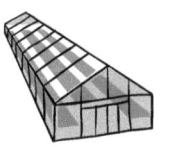

üvegház

گرین ہاؤس

talaj

مٹی

vetőmag

بیج

trágya

فرٹیلائیزر

cséplőgép

کمبائن ہارویسٹر

szüretelni

فصل کاٹنا

betakarítás

فصل کاٹنا

yamgyökér

افریقی آلو

búza

گندم

szója

سویا

burgonya

آلو

kukorica

مکئی

repcemag

توریا کا تیل

gyümölcsfa

پھلداردرخت

manióka

کساوا

gabona

دلیہ

ház

مکان

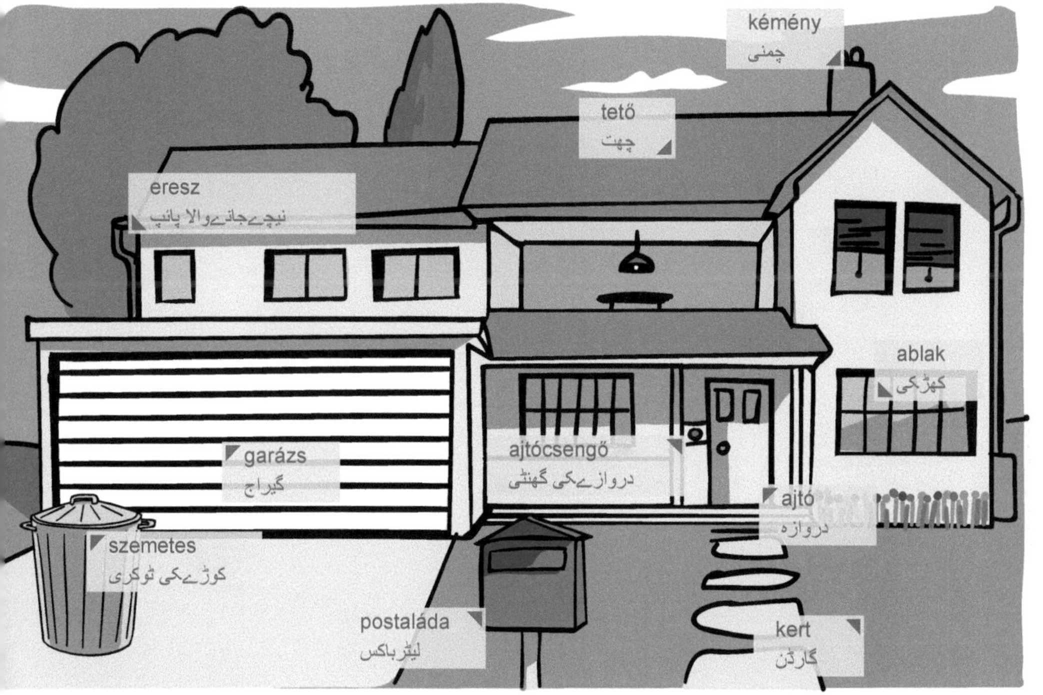

kémény
چمنی
tető
چھت
eresz
نیچےجانےوالا پائپ
ablak
کھڑکی
garázs
گیراج
ajtócsengő
دروازےکی گھنٹی
ajtó
دروازہ
szemetes
کوڑےکی ٹوکری
postaláda
لیٹرباکس
kert
گارڈن

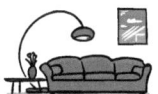

nappali

لوونگ روم

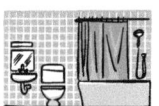

fürdőszoba

غُسل خانہ

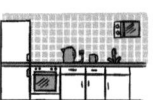

konyha

باورچی خانہ

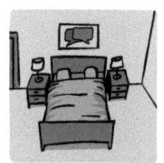

hálószoba

بیڈروم

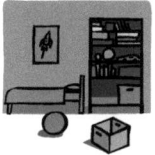

gyerekszoba

بچوں کا کمرہ

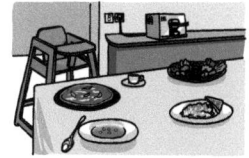

ebédlő

کھانےکا کمرہ

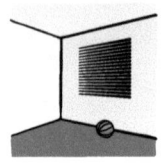

padló

فرش

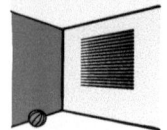

fal

دیوار

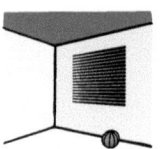

plafon

چهت

pince

تہ خانہ

szauna

سوانا

erkély

بالکونی

terasz

ٹیریس

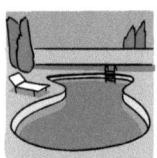

medence

پول

fűnyíró

گھاس کاٹنےکی مشین

lepedő

چادر

ágytakaró

چادر

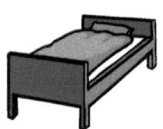

ágy

بستر

seprű

جھاڑو

vödör

بالٹی

kapcsoló

سوئچ

nappali
لوونگ روم

tapéta
وال پیپر
kép
تصویر
lámpa
لیمپ
polc
شیلف
szekrény
الماری
televízió
ٹیلی ویژن
kandalló
آتش دان
virág
پھول
párna
کُشن
kanapé
صوفہ
váza
گلدان
távirányító
ریموٹ کنٹرول

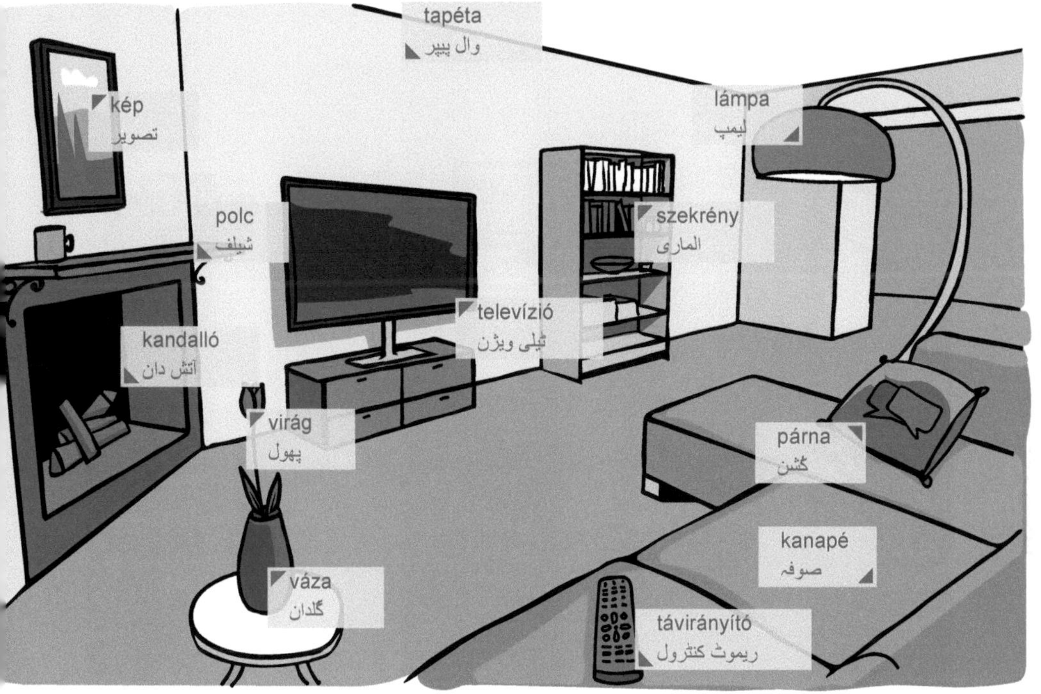

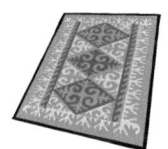

szőnyeg

قالین

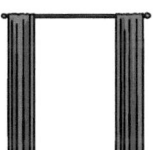

függöny

پردے

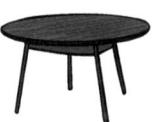

asztal

میز

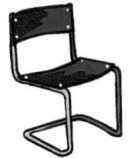

szék

کُرسی

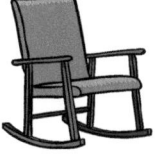

hintaszék

ہلنےوالی کُرسی

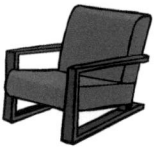

karosszék

آرام کُرسی

könyv

کتاب

takaró

کمبل

dekoráció

آرائش

tűzifa

جلانےکی لکڑی

film

فلم

hifi

ہائی فائی

kulcs

چابی

újság

اخبار

festmény

پینٹنگ

poszter

پوسٹر

rádió

ریڈیو

jegyzetfüzet

نوٹ بُک

porszívó

ویکیوم کلینر

kaktusz

کیکٹس

gyertya

موم بتی

konyha
باورچی خانہ

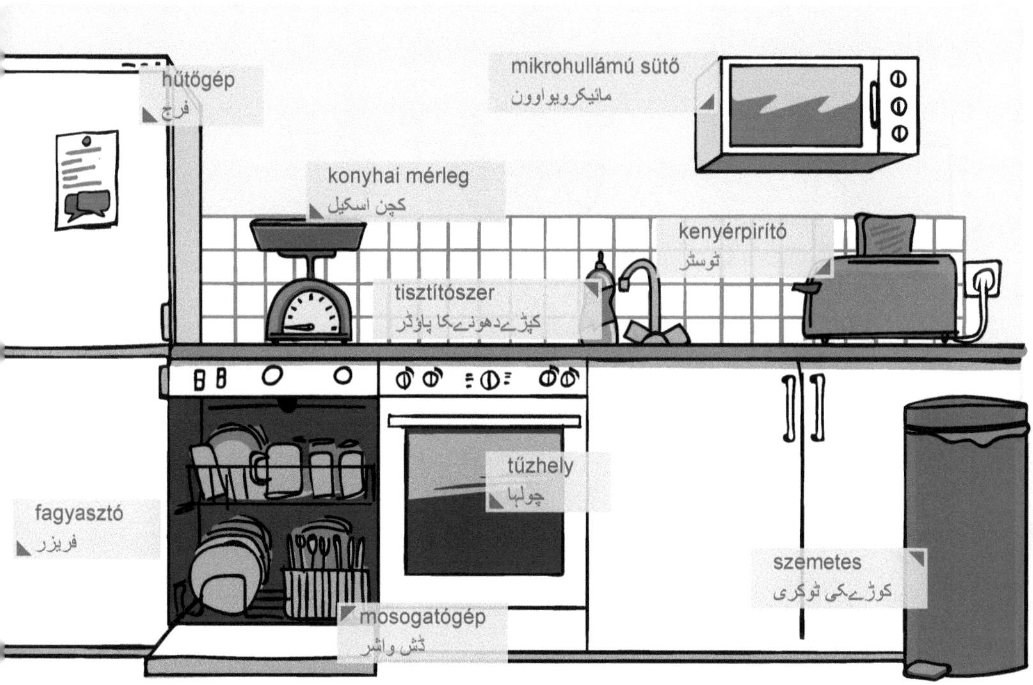
hűtőgép
فرج
mikrohullámú sütő
مائیکروویواوون
konyhai mérleg
کچن اسکیل
kenyérpirító
ٹوسٹر
tisztítószer
کپڑے دھونے کا پاؤڈر
tűzhely
چولہا
fagyasztó
فریزر
szemetes
کوڑے کی ٹوکری
mosogatógép
ڈش واشر

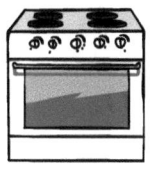

tűzhely
ککر

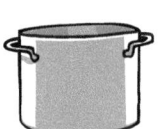

edény
برتن

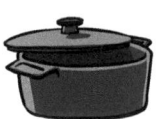

vasfazék
لوہے کا برتن

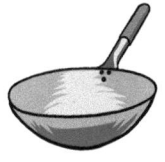

wok / kadai
کڑاہی

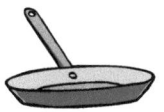

serpenyő
برتن

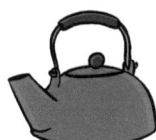

vízforraló
کیتلی

páról

اسٹیمر

tepsi

بیکنگ ٹرے

étkészlet

کراکری

bögre

مگ

tálka

پیالہ

evőpálcika

چاپ اسٹکس

merőkanál

ڈونی

keverőlapátka

کفچہ

habverő

جھاڑ ودینا

szűrő

مقطر

szita

چھنی

reszelő

گریٹر

mozsár

کونڈی

grillsütő

باربی کیو

kandalló

کھُلی آگ

vágódeszka

چاپنگ بورڈ

sodrófa

بیلن

dugóhúzó

کارک اسکریو

doboz

کین

konzervnyitó

کین اوپنر

edényfogó

برتن پکڑنےوالا کپڑا

mosogató

سنک

kefe

برش

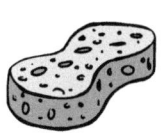

szivacs

اسپونج

turmixgép

بلینڈر

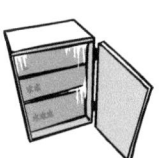

mélyhűtő

ڈیپ فریز

cumisüveg

بچےکی بوتل

csap

ٹونٹی

fürdőszoba
غُسل خانہ

fűtés
ہیٹنگ
törölköző
تولیہ
zuhany
شاور
zuhanyfüggöny
شاورکرٹن
habfürdő
ببل باتھ
kád
باتھ ٹب
mosógép
واشنگ مشین
pohár
شیشہ
csap
ٹونٹی
csempe
ٹائلیں
bili
پاٹی
mosogató
سنک

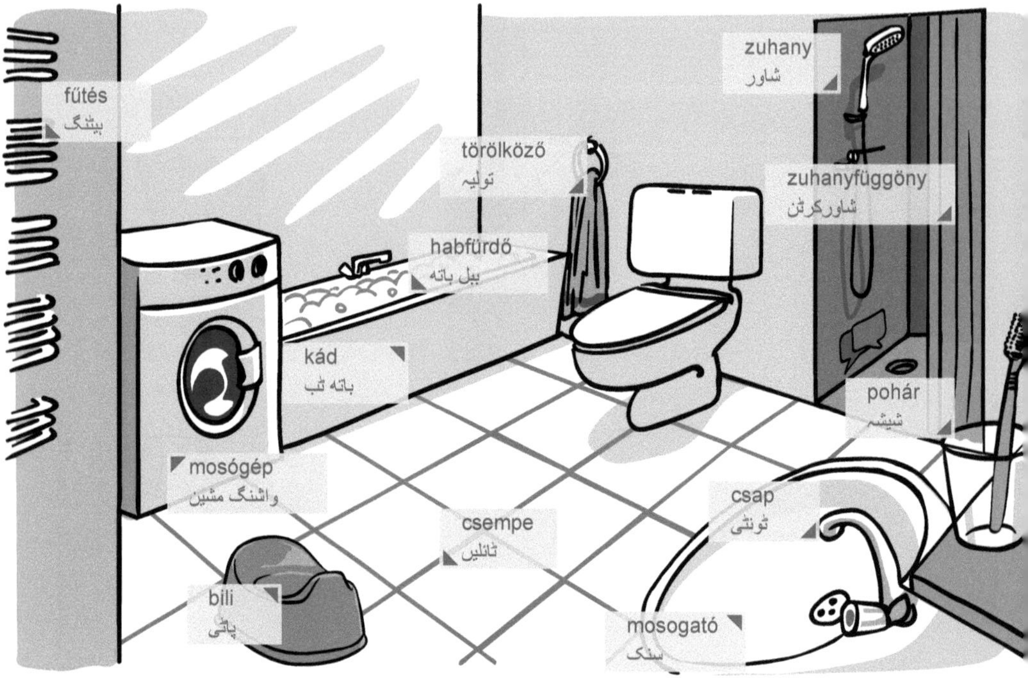

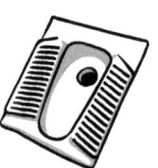

toalett

ٹائلٹ

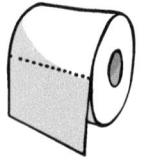

guggolós toalett

دوزانوں بیٹھنےوالی ٹائلٹ

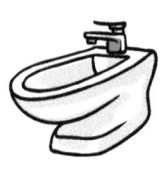

bidé

نچلاحصہ دھونےکیلئےپاٹ

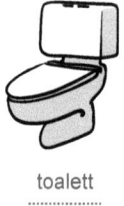

piszoár

پیشاب گاہ

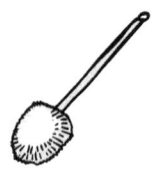

toalett papír

ٹائلٹ پیپر

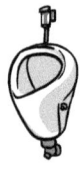

wc kefe

ٹائلٹ برش

fogkefe

ٹوته برش

fogkrém

ٹوته پیسٹ

fogselyem

ڈینٹل فلاس

mosni

دهونا

kézi zuhany

ہینڈ شاور

intimzuhany

شاور

mosdótál

بیسن

hátmosó kefe

بیک برش

szappan

صابن

tusfürdő

شاورجل

sampon

شیمپو

mosdókesztyű

فلالین

lefolyó

ڈرین

krém

کریم

dezodor

ڈیوڈورنٹ

tükör

آئینہ

kézitükör

ہاتھ میں پکڑا جانےوالا آئینہ

borotva

ریزر

borotvahab

شیونگ فوم

borotválkozás utáni
arcszesz

آفٹر شیو

fésű

کنگھی

hajkefe

برش

hajszárító

ہیئر ڈرائر

hajlakk

ہیئر اسپرے

smink

میک اپ

ajakrúzs

لپ اسٹک

körömlakk

نیل وارنش

vatta

روئی

körömvágó olló

ناخن کاٹنےکی قینچی

parfüm

پرفیوم

neszesszer

واش بیگ

sámli

پاخانہ

mérleg

وزن کرنےکی مشین

köntös

باتھ روب

gumikesztyű

ربڑکےدستانے

tampon

ٹیمپون

egészségügyi betét

سینیٹری ٹاول

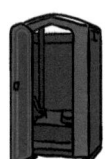

vegyi WC

کیمیکل ٹائلٹ

gyerekszoba

بچوں کا کمرہ

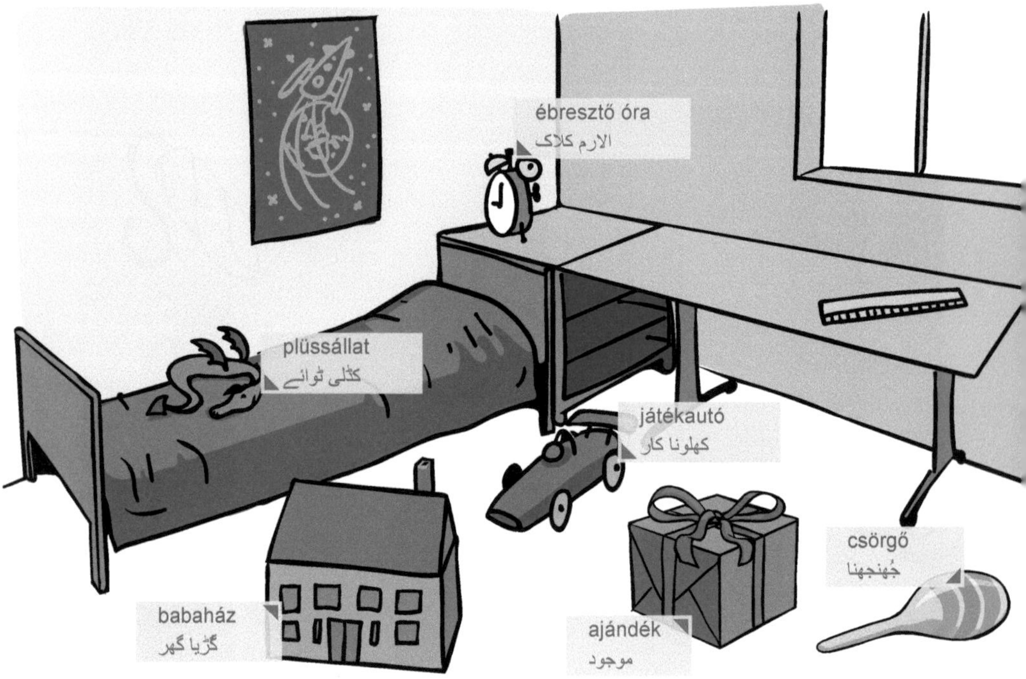

ébresztő óra
الارم کلاک
plüssállat
کڈلی ٹوائے
játékautó
کھلونا کار
csörgő
جُھنجھنا
babaház
گڑیا گھر
ajándék
موجود

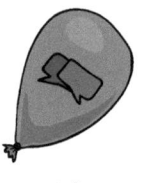

lufi

غبارہ

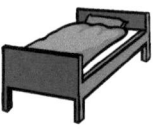

ágy

بستر

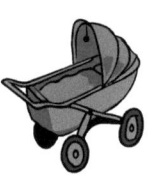

babakocsi

پرام

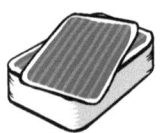

kártyapakli

ڈیک آف کارڈز

kirakós játék

جگسا

SUPER
MEGA

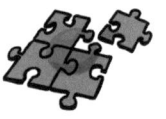

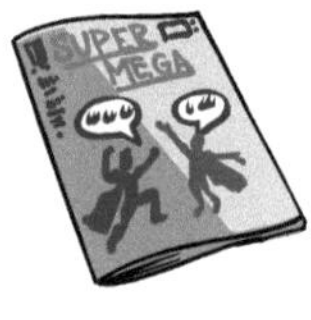

képregény

کامک

építőkockák

ليگو بریکس

építőelem

کھلونا بلاکس

szuperhős

ایکشن فگر

rugdalózó

بچے کا لباس

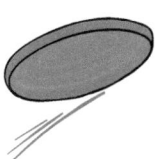

frizbi

فرسبی

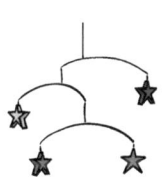

zenélő forgó

کھلونا موبائل

társasjáték

بورڈ گیم

kocka

ڈائس

modellvasút

ماڈل ٹرین سیٹ

cumi

ڈمی

zsúr

پارٹی

képeskönyv

تصاویر والی کتاب

labda

گیند

baba

گڑیا

játszani

کھیلنا

homokozó

سینڈ پٹ

hinta

جھولا جھولنا

játékok

کھلونے

videójáték konzol

وڈیوگیم کنسول

tricikli

تین پہیوں والی سائیکل

teddi maci

ٹیڈی بیئر

ruhásszekrény

کپڑوں کی الماری

ruházat

لباس

zokni

موزے

harisnya

اسٹاکنگز

harisnyanadrág

ٹائٹس

sál
اسکارف

esernyő
چھتری

póló
ٹی شرٹ

öv
بیلٹ

csizma
بوٹ

papucs
سلیپر

tornacipő
اسنیکرز

szandál
سینڈل

cipő
جوتے

gumicsizma
ربڑکےبوٹس

alsónadrág
زیرجامہ

melltartó
بریزئیر

mellény
واسکٹ

body

جسم

nadrág

پتلون

farmer

جینز

szoknya

اسکرٹ

blúz

بلاؤز

ing

قمیض

pulóver

پُل اوور

kapucnis pulóver

سویٹر

blézer

بلیزر

dzseki

جیکٹ

kabát

کوٹ

esőkabát

رین کوٹ

kosztüm

کونی خاص لباس

ruha

لباس

esküvői ruha

شادی کا لباس

öltöny

سوٹ

hálóing

نائٹ گاؤن

pizsama

پانجامہ

szári

ساڑھی

fejkendő

سرپرلیا جانےوالا اسکارف

turbán

پگڑی

burka

بُرقع

kaftán

کفتان

abaya

عبایہ

fürdőruha

تیراکی کا سوٹ

fürdőnadrág

ٹرنک

rövidnadrág

نیکر

tréningruha

ٹریک سوٹ

kötény

اپرن

kesztyű

دستانے

gomb

بٹن

szemüveg

عینک

karkötő

کنگن

nyaklánc

ہار

gyűrű

انگوٹھی

fülbevaló

کانوں کی بالیاں

sapka

ٹوپی

vállfa

کوٹ ہینگر

kalap

ہیٹ

nyakkendő

ٹائی

cipzár

زپ

bukósisak

ہیلمٹ

nadrágtartó

بریسز

iskolai egyenruha

سکول یونیفارم

egyenruha

وردی

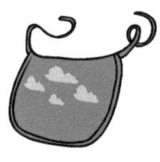

előke

بب

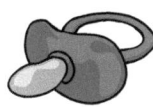

cumi

ڈمی

pelenka

نیپی

iroda

دفتر

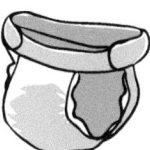

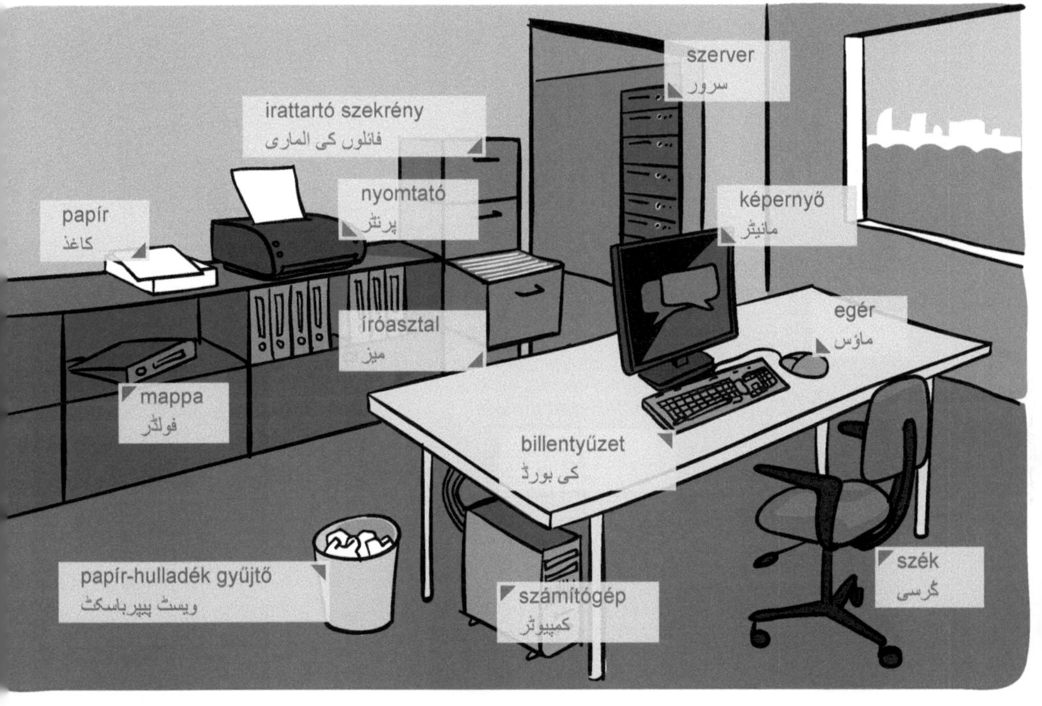

szerver
سرور
irattartó szekrény
فائلوں کی الماری
nyomtató
پرنٹر
papír
کاغذ
képernyő
مانیٹر
egér
ماؤس
íróasztal
میز
mappa
فولڈر
billentyűzet
کی بورڈ
papír-hulladék gyűjtő
ویسٹ پیپرباسکٹ
számítógép
کمپیوٹر
szék
کُرسی

kávéscsésze

کافی مگ

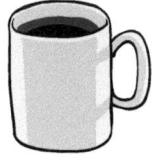

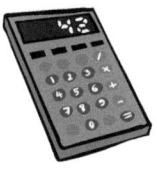

számológép

کیلکولیٹر

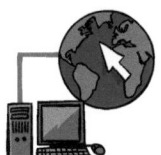

internet

انٹرنیٹ

laptop

لیپ ٹاپ

levél

خط

üzenet

پیغام

mobiltelefon

موبائل

hálózat

نیٹ ورک

fénymásoló

فوٹوکاپئیر

szoftver

سافٹ ویئر

telefon

ٹیلی فون

konnektor

پلگ ساکٹ

faxgép

فیکس مشین

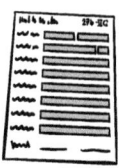

formanyomtatvány

فارم

dokumentum

دستاویز

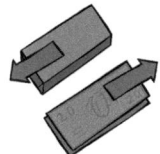

venni

خریدنا

fizetni

ادائیگی کرنا

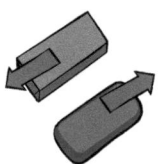

kereskedni

تجارت کرنا

pénz

رقم

dollár

ڈالر

euró

یورو

jen

ین

rubel

روبل

svájci frank

سوئس فرانک

kínai jüan

رینمنیبی یوآن

rúpia

روپیہ

bankautomata

کیش پوائنٹ

valutaváltó iroda

رقم تبدیل کرانے کیلئے دفتر

arany

سونا

ezüst

چاندی

olaj

خام تیل

energia

توانائی

ár

قیمت

szerződés

معاہدہ

adó

ٹیکس

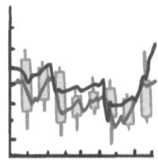

részvény

اسٹاک

dolgozni

کام کرنا

munkavállaló

ملازم

munkaadó

آجر

gyár

فیکٹری

üzlet

دکان

rendőr
پولیس افسر

tűzoltó
فائرمین

szakács
خانساماں، کک

orvos
ڈاکٹر

pilóta
پائلٹ

kertész

مالی

kárpitos

ترکھان

varrónő

درزن

bíró

جج

vegyész

کیمسٹ

színész

اداکار

buszsofőr

بس ڈرائیور

taxisofőr

ٹیکسی ڈرائیور

halász

مچھیرا

bejárónő

صفائی کرنےوالی عورت

tetőfedő

چھت بنانےوالا

pincér

ویٹر

vadász

شکاری

festő

پینٹر

pék

بیکر

villanyszerelő

الیکٹریشین

építőmunkás

بلڈر

mérnök

انجینیر

hentes

قصائی

vízvezeték-szerelő

پلمبر

postás

ڈاکیا

katona

سپاہی

építész

آرکیٹیکٹ

eladó

کیشیئر

virágos

پھول بیچنےوالا

fodrász

نائی

kalauz

کنڈکٹر

műszerész

مکینک

kapitány

کپتان

fogorvos

ڈینٹسٹ

tudós

سائنسدان

rabbi

یہودی عالم

imám

امام

szerzetes

راہب

lelkész

پادری

szerszámok

اوزار

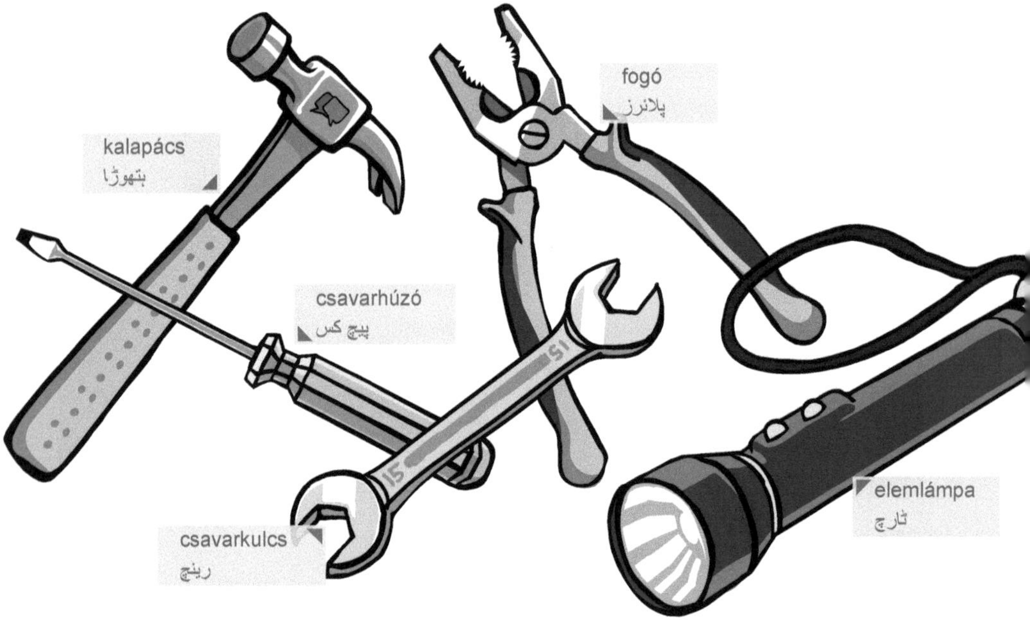
kalapács
ہتھوڑا
fogó
پلائرز
csavarhúzó
پیچ کس
csavarkulcs
رینچ
elemlámpa
ٹارچ

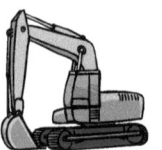

markológép
ایکسکویٹر

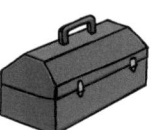

szerszámosláda
ٹول باکس

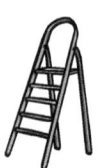

vödör
سیڑھی

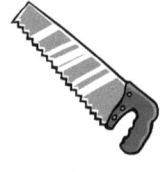

fűrész
آری

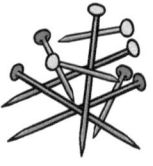

szög
کیل

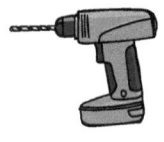

fúrógép
ڈرل

megjavítani

مرمت کرنا

lapát

بیلچہ

A francba!

لعنت ہو!

szemétlapát

ٹسٹ پین

festékesdoboz

پینٹ پاٹ

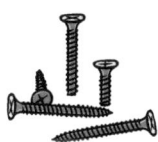

csavar

پیچ

hangszerek

آلات موسیقی

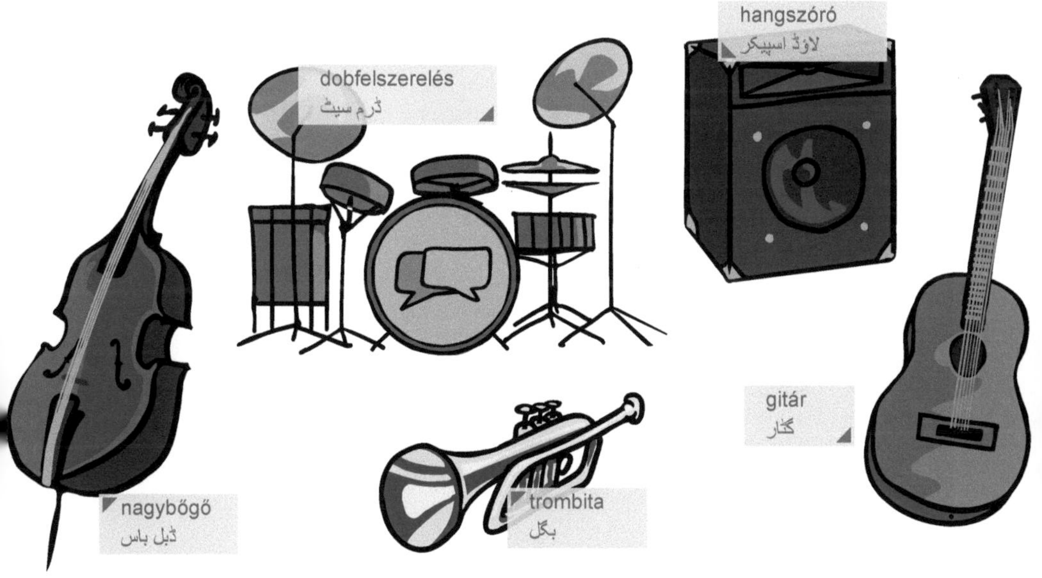

hangszóró
لاؤڈ اسپیکر

dobfelszerelés
ڈرم سیٹ

gitár
گٹار

nagybőgő
ڈبل باس

trombita
بگل

zongora

پیانو

hegedű

وائلن

basszusgitár

موسیقی کی آواز

üstdob

ٹمپانی

dobok

ڈھول، ڈرمز

digitális zongora

کی بورڈ

szaxofon

سیکسوفون

fuvola

بانسری

mikrofon

مائیکروفون

állatkert

چڑیا گھر

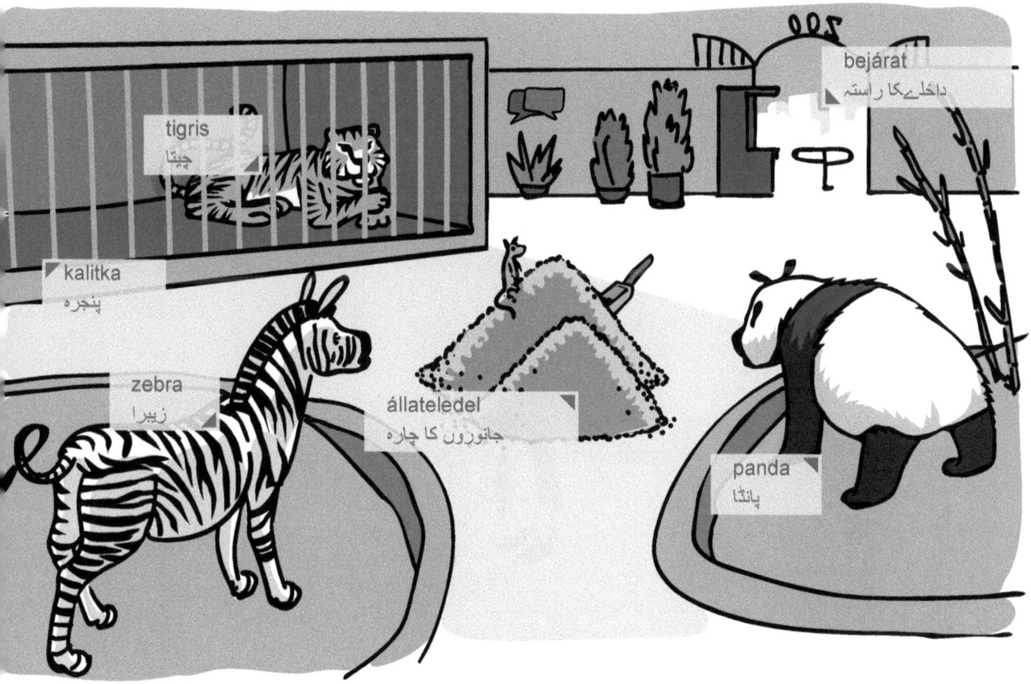

bejárat
داخلے کا راستہ
tigris
چیتا
kalitka
پنجرہ
zebra
زیبرا
állateledel
جانوروں کا چارہ
panda
پانڈا

állatok

جانور

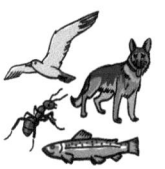

elefánt

ہاتھی

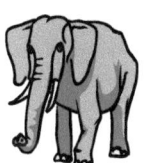

kenguru

کینگرو

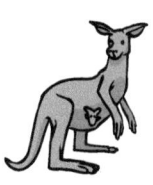

orrszarvú

گینڈا

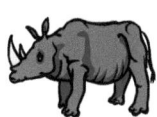

gorilla

گوریلا

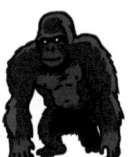

medve

ریچھ

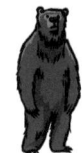

teve

اونٹ

strucc

شُتَرمُرغ

oroszlán

شیر

majom

بندر

flamingó

فلیمنگو

papagáj

طوطا

jegesmedve

قطبی ریچھ

pingvin

کبوتر

cápa

شارک

páva

مور

kígyó

سانپ

krokodil

مگرمچھ

állatgondozó

چڑیا گھر کا محافظ

fóka

سیل

jaguár

امریکی تیندوا

pónió

ٹٹو

leopárd

چیتا

víziló

دریائی گھوڑا

zsiráf

زرافہ

sas

عقاب

vaddisznó

سؤر

hal

مچھلی

teknős

کچھوا

rozmár

سمندری گھوڑا

róka

لومڑی

gazella

غزال ہرن

amerikai futball
امریکن فٹ بال

kerékpározás
سائیکلنگ

tenisz
ٹینس

kosárlabda
باسکٹ بال

úszás
پیراکی

boksz
باکسنگ

jégkorong
آئس ہاکی

futball
فٹ بال

tollas
بیڈمنٹن

atlétika
اتھلیٹکس

kézilabda
ہینڈ بال

síelés
اسکیئنگ

lovaspóló
پولو

tevékenységek

سرگرمیاں

nevetni
ہنسنا
grani
چھلانگ لگ
ölelni
گلے لگانا
sétálni
چلنا
énekelni
گانا
álmodni
خواب دیکھنا
dicsérni
دُعا کرنا
csókolni
چُومنا

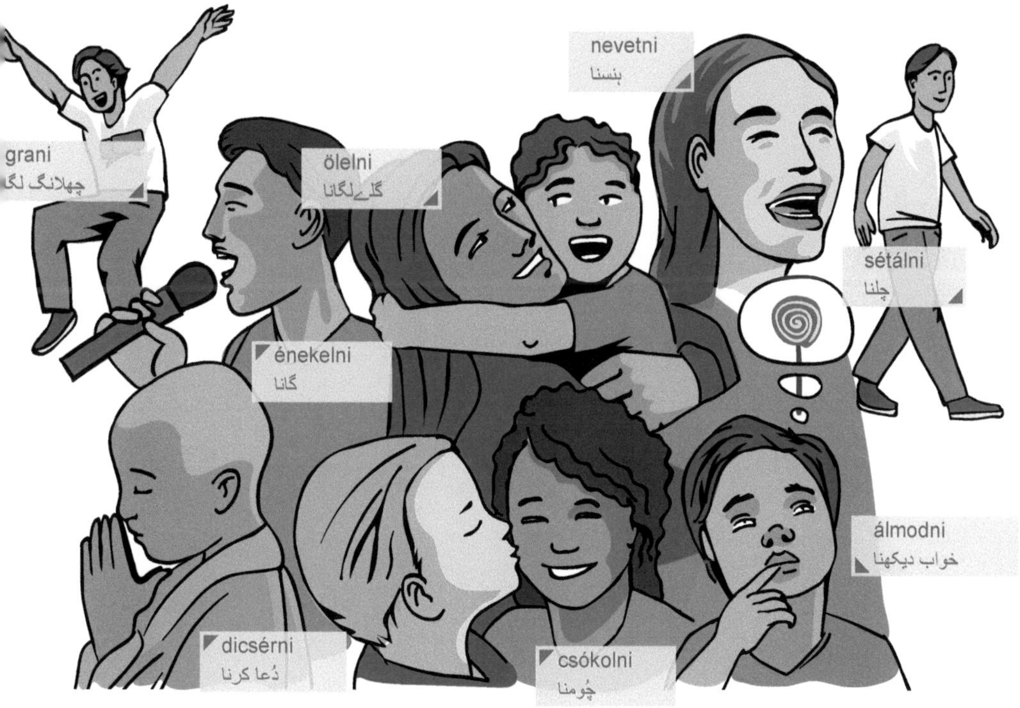

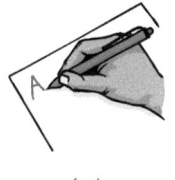

írni
....
لکھنا

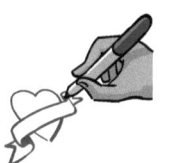

rajzolni
....
تصویرکشی کرنا

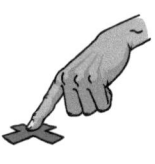

mutatni
....
دکھانا

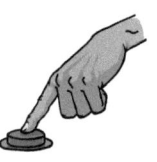

tolni
....
آگےکی طرف دھکیلنا

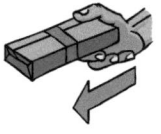

adni
....
دینا

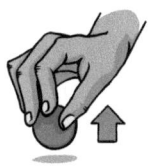

vinni
....
لینا

birtokolni

ركھنا

csinálni

کرنا

lenni

ہونا

állni

کھڑا ہونا

futni

دوڑنا

húzni

کھینچنا

hajít

پھینکنا

esni

گرنا

hazudni

جھوٹ بولنا

várni

انتظارکرنا

vinni

اٹھانا

ülni

بیٹھنا

felvenni

ملبوس ہونا

aludni

سونا

felébredni

جاگنا

ránézni

دیكھنا

sírni

رونا

simogat

چوٹ لگانا

fésülni

کنگھی کرنا

beszélni

بات کرنا

megérteni

سمجھنا

kérdezni

پوچھنا

hallgatni

مُتوجہ ہونا

inni

پینا

enni

کھانا

takarítani

صاف کرنا

szeretni

پیارکرنا

főzni

پکانا

vezetni

گاڑی چلانا

szállni

اُڑنا

vitorlázni

بحری سفرکرنا

számol

شمارکریں

olvasni

پڑھنا

tanulni

سیکھنا

dolgozni

کام کرنا

házasodni

شادی کرنا

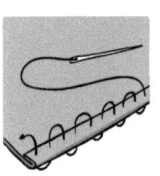

varrni

سینا

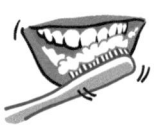

fogat mosni

دانت صاف کرنا

ölni

جان سےماردینا

dohányozni

تمباکونوشی کرنا

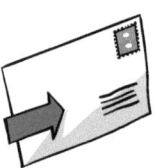

küldeni

بھیجنا

család
خاندان

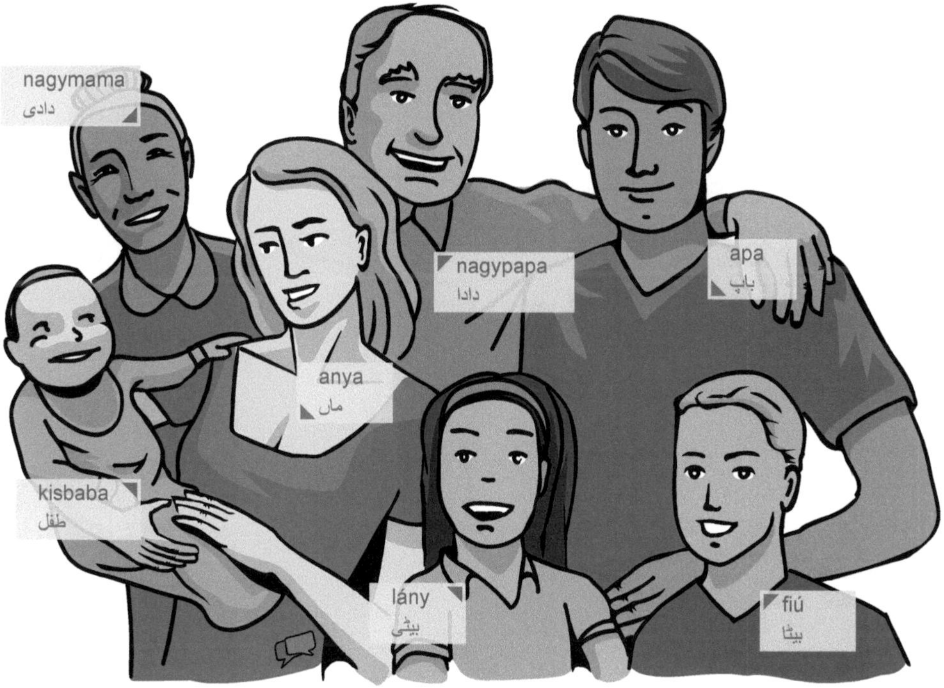
nagymama
دادی
nagypapa
دادا
apa
باپ
anya
ماں
kisbaba
طفل
lány
بیٹی
fiú
بیٹا

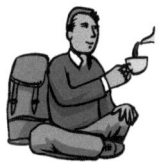

vendég
مہمان

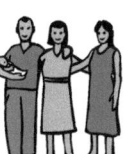

nagynéni
چچی

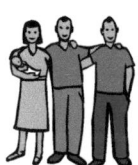

nagybácsi
چچا

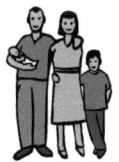

fiútestvér
بھائی

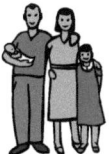

lánytestvér
بہن

test

جسم

homlok
ماتھا
szem
آنکھ
váll
کندھا
ujj
اُنگلی
arc
چہرہ
áll
ٹھوڑی
kéz
ہاتھ
láb
ٹانگ
mell
چھاتی
kar
بازو

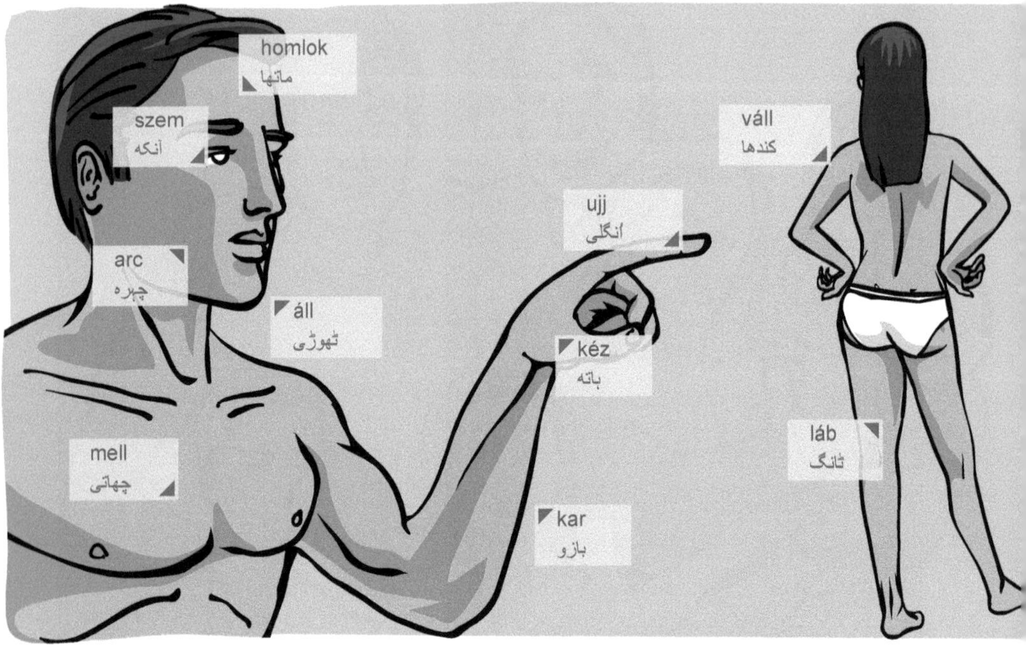

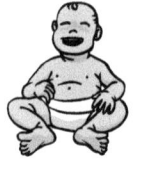

kisbaba
طفل

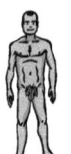

ember
آدمی

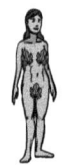

nő
عورت

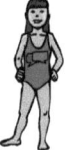

lány
لڑکی

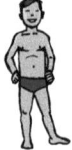

fiú
لڑکا

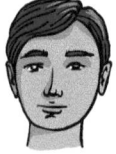

fej
سر

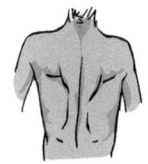

hát

کمر

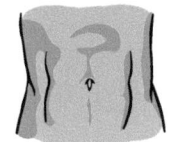

has

پیٹ

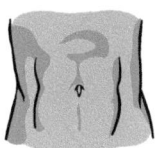

köldök

ناف

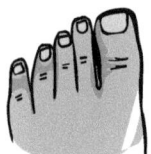

lábujj

پاؤں کا انگوٹھا

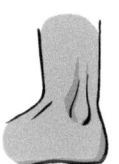

sarok

ایڑھی

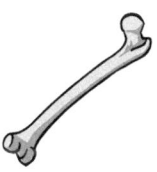

csont

ہڈی

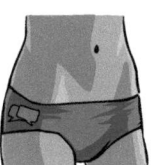

csípő

کولہا

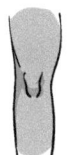

térd

گھٹنا

könyök

کہنی

orr

ناک

fenék

نچلا حصہ

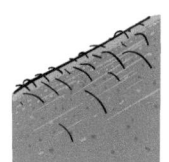

bőr

جلد

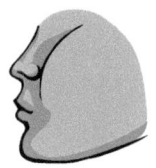

orca

گال

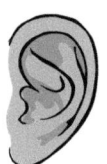

fül

کان

ajak

ہونٹ

száj

مُنہ

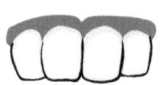

fog

دانت

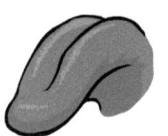

nyelv

زُبان

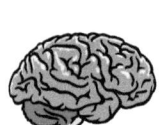

agy

دماغ

szív

دل

izom

پٹھہ

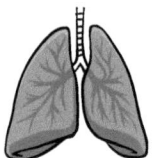

tüdő

پھیپھڑا

máj

جگر

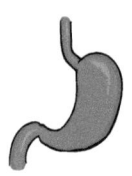

gyomor

معدہ

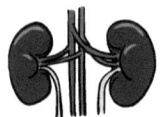

vese

گردے

szex

جنس

kondom

کنڈوم

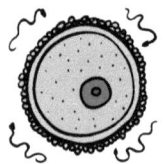

petesejt

بیضہ

sperma

مادہ منویہ

terhesség

حمل

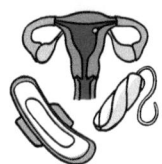

menstruáció

حيض

vagina

اندام نهانى

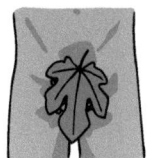

pénisz

عضو تناسلی

szemöldök

بهنويس

haj

بال

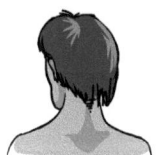

nyak

گردن

kórház

ہسپتال

kórház
ہسپتال
mentőautó
ایمبولینس
kerekesszék
وہیل چیئر
törés
ہڈی ٹوٹنا

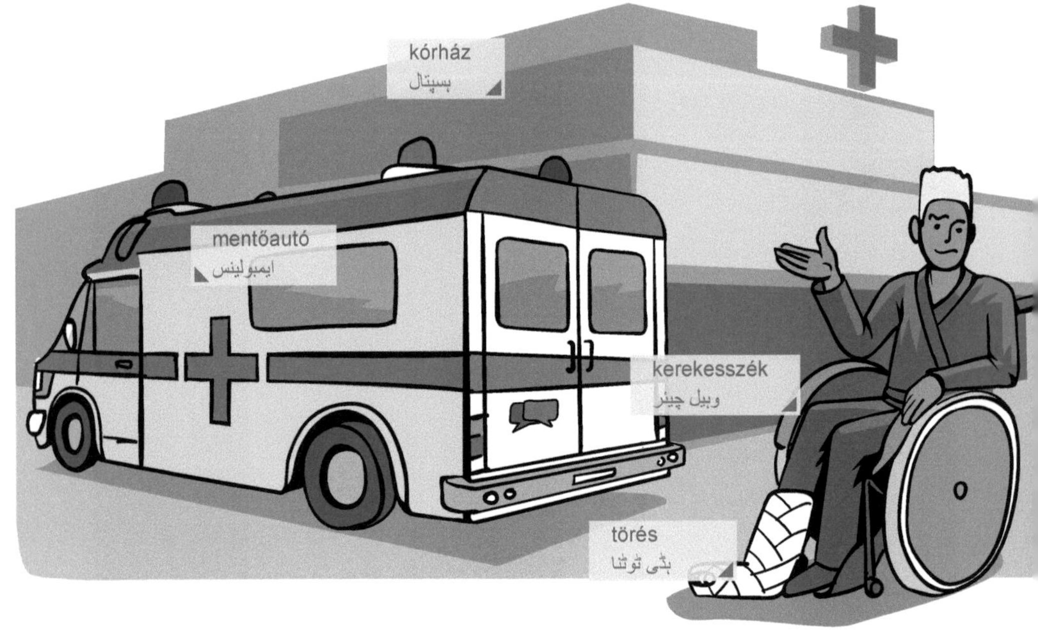

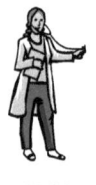

orvos

ڈاکٹر

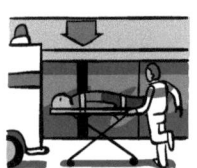

sürgősségi osztály

ہنگامی کمرہ

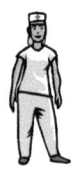

ápoló

نرس

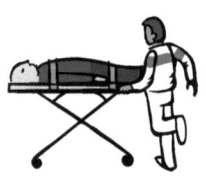

vészhelyzet

ہنگامی صورتحال

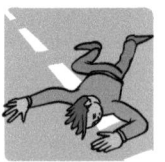

eszméletlen

بےہوش

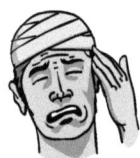

fájdalom

درد

sérülés

زخم

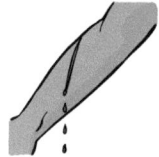

vérzés

خون بہنا

szívroham

دل کا دورہ

szélütés

فالج

allergia

الرجی

köhögés

کھانسی

láz

بخار

influenza

زکام

hasmenés

اسہال

fejfájás

سردرد

rák

کینسر

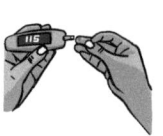

cukorbetegség

ذیابیطس

sebész

سرجن

szike

نشتر

műtét

آپریشن

CT

سی ٹی

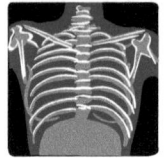

röntgen

ایکس رے

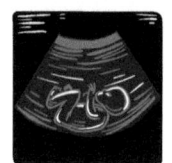

ultrahang

الٹراساؤنڈ

arcmaszk

چہرے کا نقاب

betegség

بیماری

váróterem

انتظارگاہ

mankó

بیساکھی

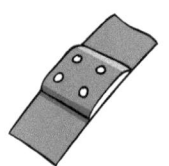

sebtapasz

پلاسٹر

kötszer

پٹی

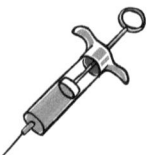

injekció

انجکشن

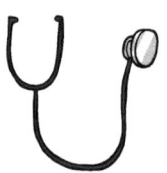

sztetoszkóp

اسٹیتھواسکوپ

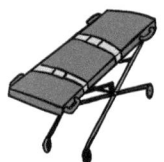

hordágy

اسٹریچر

klinikai hőmérő

مطبی تھرما میٹر

születés

پیدائش

túlsúly

حد سےزیادہ وزن

hallókészülék

آلہ سماعت

fertőtlenítőszer

جراثیم کش

fertőzés

انفیکشن

vírus

وائرس

HIV/AIDS

ایچ آئی وی/ ایڈز

orvosság

دوا

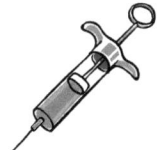

oltás

ویکسی نیشن

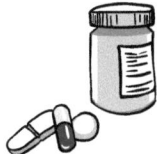

tabletták

گولیاں

tabletta

گولی

sürgősségi hívás

ہنگامی کال

vérnyomásmérő

بلڈ پریشرمانیٹر

betegség / egészség

بیمار/ صحتمند

Segítség!

مدد!

riasztás

الارم

rajtaütés

مُجرمانه حمله

támadás

حمله

veszély

خطره

vészkijárat

هنگامی راسته

tűz!

آگ!

tűzoltókészülék

آگ بُجهانے والہ آلہ

baleset

حادثہ

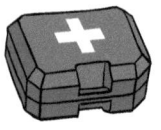

elsősegélycsomag

ابتدائی طبی امداد کی کٹ

SOS

ایس اوایس

rendőrség

پولیس

Európa

يورپ

Észak-Amerika

شمالى امريكه

Dél-Amerika

جنوبى امريكه

Afrika

افريقه

Ázsia

ايشيا

Ausztrália

آستريليا

Atlanti-óceán

بحر اوقيانوس

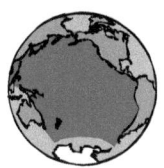

Csendes-óceán

بحر الكابل

Indiai-óceán

بحربند

Déli-óceán

بحرقطب جنوبى

Jeges-tenger

بحرقطب شمالى

Északi-sark

قطب شمالى

Déli-sark

قُطب جنوبى

Antarktisz

انٹارکٹیکا

föld

زمین

szárazföld

زمین

tenger

سمندر

sziget

جزیرہ

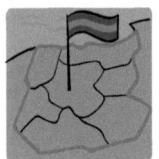

nemzet

قوم

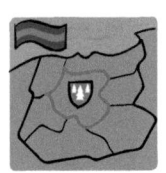

állam

ریاست

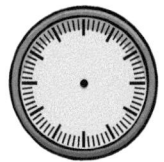

számlap

كلاک کا سامنےکا حصہ

kismutató

گھنٹوں والی سوئی

nagymutató

منٹوں والی سوئی

másodpercmutató

سیکنڈ ہینڈ

Mennyi az idő?

کیا وقت ہوا ہے؟

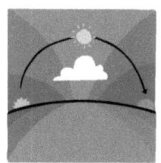

nap

دن

idő

وقت

most

اب

digitális óra

ڈیجیٹل گھڑی

perc

منٹ

óra

گھنٹہ

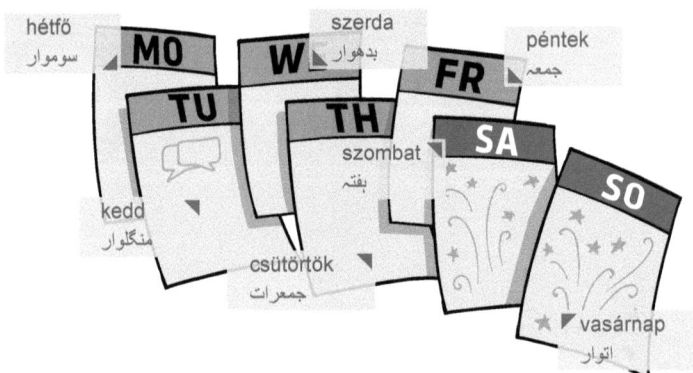

hétfő — سوموار
szerda — بدهوار
péntek — جمعه
kedd — منگلوار
szombat — هفته
csütörtök — جمعرات
vasárnap — اتوار

tegnap

گزرا کل

ma

آج

holnap

کل

reggel

صبح

dél

دوپہر

este

شام

MO	TU	WE	TH	FR	SA	SU
1	2	3	4	5	6	7
8	9	10	11	12	13	14
15	16	17	18	19	20	21
22	23	24	25	26	27	28
29	30	31	1	2	3	4

hétköznap

کاروباری دن

MO	TU	WE	TH	FR	SA	SU
1	2	3	4	5	6	7
8	9	10	11	12	13	14
15	16	17	18	19	20	21
22	23	24	25	26	27	28
29	30	31	1	2	3	4

hétvége

ہفتے کا اختتام

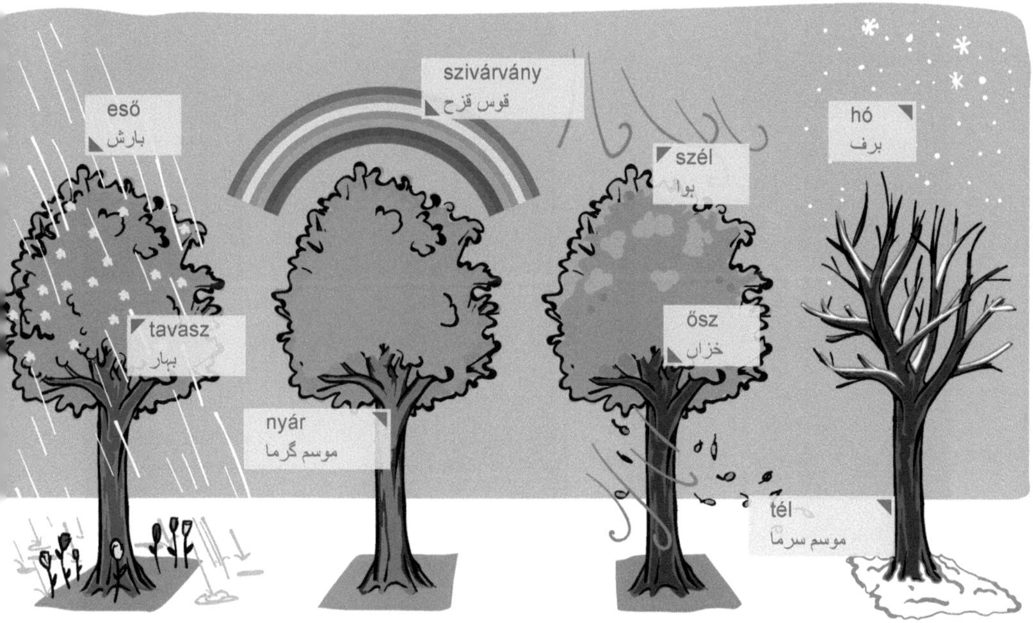

eső
بارش
szivárvány
قوس قزح
hó
برف
szél
ہوا
tavasz
بہار
ősz
خزاں
nyár
موسم گرما
tél
موسم سرما

4.APRIL 11°
5.APRIL 4°
6.APRIL 13°
7.APRIL 8°
8.APRIL 10°

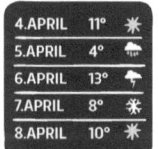

időjárás előrejelzés

موسمی پیش گوئی

F C
120 40
90 30
60 20
30 10
0 0
-30 -10
-20

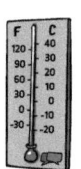

hőmérő

تھرما میٹر

napsütés

دھوپ

felhő

بادل

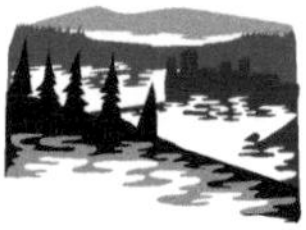

köd

دُھند

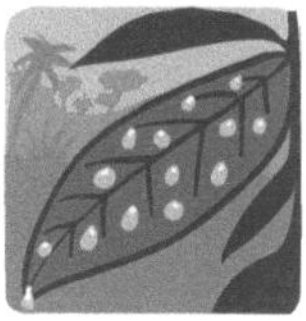

páratartalom

حبس

villámlás

بجلی کوندھنا

mennydörgés

بادلوں کی گرج

vihar

طوفان

jégeső

ژالہ باری

monszun

مون سون

áradás

سیلاب

jég

برف

január

جنوری

február

فروری

március

مارچ

április

اپریل

május

مئی

június

جون

július

جولائی

augusztus

اگست

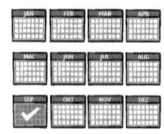

szeptember

....

سبتمبر

október

....

اكتوبر

november

....

نوفمبر

december

....

ديسمبر

alakzatok

أشكال

kör

....

دائره

négyzet

....

چوكور

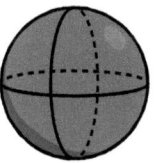

téglalap

....

مُستطيل

háromszög

....

تكون

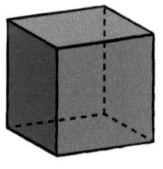

gömb

....

كُره

kocka

....

مكعب

fehér

سفید

sárga

پيلا

narancs

نارنجی

rózsaszín

گلابی

piros

سُرخ

lila

جامنی

kék

نيلا

zöld

سبز

barna

بهورا

szürke

مٹيالا

fekete

سياه

sok / kevés

بہت زیادہ / بہت کم

mérges / nyugodt

ناراض / پُرسکون

szép / csúnya

خوبصورت / بدصورت

kezdet / vég

آغاز / اختتام

nagy / kicsi

بڑا / چھوٹا

világos / sötét

روشن / اندھیرا

fivér / nővér

بھائی / بہن

tiszta / koszos

صاف / گندا

teljes / nem teljes

مکمل / نامکمل

nappal / éjszaka

دن / رات

halott / élő

زندہ / مُردہ

széles / keskeny

چوڑا / تنگ

ehető / nem ehető

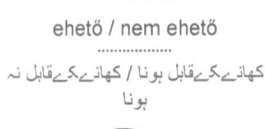

gonosz / kedves

بُرا / اچھا

izgatott / unott

پُرجوش / بوریت کا شکار

kövér / vékony

موٹا / دُبلا

első / utolsó

پہلا / آخری

barát / ellenség

دوست / دُشمن

teli / üres

بھرا ہوا / خالی

kemény / puha

سخت / نرم

nehéz / könnyű

بوجھل / ہلکا

éhség / szomjúság

بھوک / پیاس

betegség / egészség

بیمار / صحتمند

illegális / legális

غیرقانونی / قانونی

intelligens / buta

عقلمند / بیوقوف

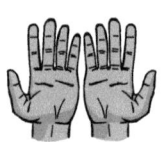

bal / jobb

بائیں / دائیں

közel / távol

نزدیک / دور

új / használt

نیا / پُرانا

semmi / valami

کچھ نہیں / کچھ ہے

idős / fiatal

بوڑھا / نوجوان

be / ki

آن / آف

nyitva / zárva

کُھلا / بند

csendes / hangos

خاموش / بُلند آواز

gazdag / szegény

امیر / غریب

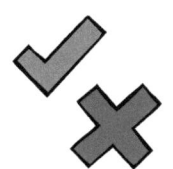

helyes / helytelen

ٹھیک / غلط

érdes / sima

کھُردرا / ہموار

szomorú / vidám

افسردہ / خوش

rövid / hosszú

مُختصر / طویل

lassú / gyors

آہستہ / تیز

nedves / száraz

گیلا / خُشک

meleg / hideg

گرم / ٹھنڈا

háború / béke

جنگ / امن

0	**1**	**2**
nulla	egy	kettő
صفر	ایک	دو
3	**4**	**5**
három	négy	öt
تین	چار	پانچ
6	**7**	**8**
hat	hét	nyolc
چھ	سات	آٹھ
9	**10**	**11**
kilenc	tíz	tizenegy
نو	دس	گیاره

12

tizenkettő

باره

13

tizenhárom

تیره

14

tizennégy

چوده

15

tizenöt

پندره

16

tizenhat

سوله

17

tizenhét

ستره

18

tizennyolc

اټهاره

19

tizenkilenc

أنيس

20

húsz

بيس

100

száz

سو

1.000

ezer

بزار

1.000.000

millió

دس لاكه

angol

انگریزی

amerikai angol

امریکی انگریزی

mandarin kínai

چینی مینڈارین

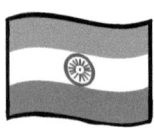

hindi

ہندی

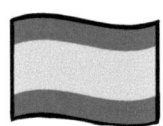

spanyol

ہسپانوی

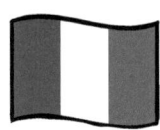

francia

فرانسیسی

arab

عربی

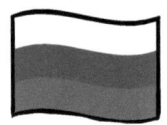

orosz

روسی

portugál

پُرتگالی

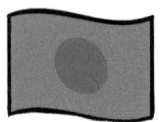

bengáli

بنگالی

német

جرمن

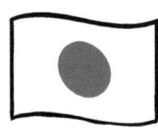

japán

جاپانی

én

میں

te

تم

ő

وہ (لڑکا) / وہ (لڑکی) / یہ

mi

ہم

ti

تم

ők

وہ

ki?

کون؟

mi?

کیا؟

hogyan?

کیسے؟

hol?

کہاں؟

mikor?

کب؟

HELLO, I AM

név

نام

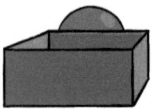

mögött

پیچھے

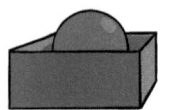

benne

میں

elötte

کے سامنے

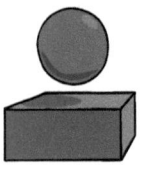

felette

اوپر

rajta

پر

alatta

نیچے

mellett

ساتھ

között

درمیان

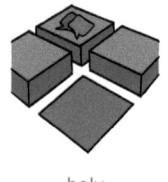

hely

جگہ